Už zase Červená Karkulka!

Not Again, Red Riding Hood!

Kate Clynes & Louise Daykin

Czech translation by Milada Sal

mantra

Červená Karkulka si po tom hrozném zážitku s ošklivým
vlkem hrála na zahradě.
"Červená Karkulko," volala maminka, "Upekla jsem koláčky,
pojď si jeden vzít. Co kdybys donesla nějaké tatínkovi?"
Červená Karkulka se pořád cítila trošku nesvá, když měla jít
do lesa. Ale maminka potřebovala pomoc a tatínek měl
koláčky moc rád. A tak souhlasila s tím, že půjde.

Red Riding Hood was playing in the garden after her terrible ordeal
with that nasty wolf.
"Red Riding Hood," called her Mum, "I've made cookies, come and get one.
Why not take some to Dad?"
Now Red Riding Hood still felt a bit nervous about going into the wood. But
Mum needed her help, and Dad loved his cookies. So, she agreed to go.

Her Mum counted ten freshly made cookies into a basket. 2, 4, 6, 8, 10. Red Riding Hood gave her Mum a big hug and off she went.

Maminka napočítala 10 čerstvě napečených koláčků
do košíku. 2, 4, 6, 8, 10.
Červená Karkulka objala maminku a vydala
se na cestu.

Nedošla daleko, když uslyšela slabý hlásek.

"Červená Karkulko, Červená Karkulko, nemáš něco k jídlu? Jsem tady v té věži zavřená už celou věčnost a mám hlad."

"Pošli si dolů košík," řekla Červená Karkulka. "Mám pro tebe výborný čerstvě upečený koláček."

She hadn't gone far when she heard a small voice: "Red Riding Hood, Red Riding Hood, have you any food? I've been stuck up in this tower for ages and I'm starving."

"Send down your basket," said Red Riding Hood. "I have a delicious, freshly made cookie for you."

"Mňam, to jsou moje
oblíbené," opověděla
Rapunzel. "Jsem ráda,
že tě zase vidím tak brzy
po tom hrozném zážitku s
ošklivým vlkem."

"Yummy, my favourite," replied Rapunzel.
"It's good to see you out again, so soon after
your terrible ordeal with that nasty wolf."

Červená Karkulka se opět vydala na cestu,
aby donesla čerstvě upečené koláčky tatínkovi.
Podívala se do košíku.
Z 10 se stalo 9!

Red Riding Hood set off again to deliver the
freshly made cookies to her Dad.
She looked into her basket.
10 had become 9!

Za chvíli přišla k domu, kde žil pan Medvěd se svojí paní. Seděli na zahradě u stolu i s malým Medvídkem a koukali do tří prázdných misek. "Červená Karkulko, Červená Karkulko, nemáš něco k jídlu? Máme hrozný hlad. Někdo nám snědl kaši!"

After a while she arrived at Mr and Mrs Bear's house. They were sitting around their garden table with Baby Bear staring into three very empty bowls. "Red Riding Hood, Red Riding Hood, have you any food? We're starving. Someone's eaten all our porridge!"

A že Červená Karkulka byla hodná holčička, dala po jednom koláčku do každé misky.

Now Red Riding Hood was a kind little girl and she popped one freshly made cookie into each of their bowls.

"Děkujeme," řekli medvědi. "Jsme rádi, že tě zase vidíme tak brzy po tvém hrozném zážitku s ošklivým vlkem."

"Oooooh, thank you," said the bears. "It's good to see you out again, so soon after your terrible ordeal with that nasty wolf."

Červená Karkulka šla dále.
Podívala se do košíku. Z 9 se stalo 6!
Nedošla daleko, když uviděla babiččin dům. "Musím se
podívat jak je babičce po tom hrozném zážitku s ošklivým
vlkem," pomyslela si Červená Karkulka.

Red Riding Hood marched on.
She looked into her basket. 9 had become 6!
She hadn't gone far when she reached Grandma's house.
"I must see how Grandma is after her terrible ordeal with
that nasty wolf," thought Red Riding Hood.

Babička byla v posteli.
"Babičko, babičko, ty máš hlad," řekla Červená
Karkulka.

Grandma was in bed.
"Grandma, Grandma, you look starving," said Red
Riding Hood.

"Musíš si vzít jeden maminčin koláček. Nesu je tatínkovi, ale určitě mu nebude vadit, když si jeden vezmeš."

"Děkuju, má drahá," řekla babička. "Jsi hodná holčička. Nyní běž a nenech tatínka čekat."

"You must have one of Mum's home made cookies. I'm taking some to Dad, and he won't mind you having one."

"Thank you dear," said Grandma. "You are a thoughtful girl. Now run along and don't keep your father waiting."

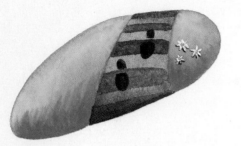

Červená Karkulka políbila babičku na tvář
a odběhla hledat tatínka.
Podívala se do košíku. Z 6 se stalo 5!

Red Riding Hood gave Grandma a kiss on the cheek
and rushed off to find her Dad.
She looked into her basket. 6 had become 5!

Po chvilce došla k řece. Tři velcí kozlové leželi na malém kousku poněkud hnědé trávy.

"Červená Karkulko, Červená Karkulko, nemáš něco k jídlu? Mame hrozný hlad."

After a while she reached the river. Three very scrawny billy goats were lying on a patch of rather brown grass.

"Red Riding Hood, Red Riding Hood, have you any food? We're starving."

"Nemůžeme přejít přes most, abychom se napásli svěží, zelené travičky," řekli. "Čeká tam na nás zlý a hladový trol a chce nás sežrat."

"We can't cross the bridge to eat the lush green grass," they said. "There's a mean and hungry troll waiting to eat us."

"Vy moje chudinky, vezměte si pár domácích koláčků, jsou opravdu velmi dobré. 1, 2, 3."

"You poor things, try some home made cookies, they're delicious. 1, 2, 3."

"Jsi moc hodná," řekli kozlové. "Jsme rádi, že tě
zase vidíme tak brzy po tom hrozném zážitku
s tím ošklivým vlkem."

"You're very kind," said the billy goats. "Nice to see you out again, so soon after your terrible ordeal with that nasty wolf."

Červená Karkulka běžela dál.
Podívala se do košíku.
Z 5 se staly 2!
"No, aspoň že tu není žádný ošklivý
vlk," pomyslela si Červená Karkulka.
A v tom...

Red Riding Hood ran on. She looked
into her basket. 5 had become 2!
"Well at least there aren't any nasty
wolves around here," thought Red Riding
Hood.
Just then…

...vlk skočil přímo před ni.
"Ale copak, copak!" řekl vlk. "Není tohle ta Červená Karkulka, tak brzy
po tom hrozném zážitku s mým bratrem? Když tě vidím, cítím se nějak
hladový."
"Už nemůžeš mít žádné moje koláčky," hlesla Červená Karkulka.

...a wolf jumped out in front of her.
"Well, well, well!" said the wolf. "If it isn't Red Riding Hood out again, so soon after
your terrible ordeal with my brother. Seeing you makes me feel rather peckish."
"You can't have any of my cookies," squeaked Red Riding Hood.

"Já taky nemyslím na koláčky,"
zavrčel vlk a chňapl po Karkulce.

"I wasn't thinking about cookies,"
growled the wolf as he leapt towards her.

Když tatínek uslyšel křik, ihned tam byl
a zamával sekerou.

Hearing a scream, her Dad appeared
wielding his axe.

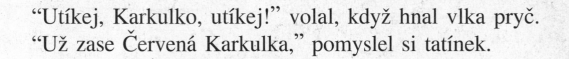

"Utíkej, Karkulko, utíkej!" volal, když hnal vlka pryč.
"Už zase Červená Karkulka," pomyslel si tatínek.

"Run, Red Riding Hood! Run!" he bellowed as he chased the wolf away.
"Not again, Red Riding Hood," thought Dad.

Oba byli velmi hladoví po tomto hrozném zážitku.
Karkulka sáhla pro košík.
"Jeden pro tebe, jeden pro mě," řekla Červená Karkulka.

They were both hungry after their terrible ordeal.
She reached into her basket.
"One for you and one for me," said Red Riding Hood.